LES LIEUX HANTÉS!

LES HÔPITAUX ET LES ASILES PSYCHIATRIQUES HANTÉS

Un livre de la collection
Les branches de Crabtree

THOMAS KINGSLEY TROUPE

Crabtree Publishing
crabtreebooks.com

Soutien de l'école à la maison pour les parents, les gardiens et les enseignants

Ce livre très intéressant est conçu pour motiver les élèves en difficulté d'apprentissage grâce à des sujets captivants, tout en améliorant leur fluidité, leur vocabulaire et leur intérêt pour la lecture. Voici quelques questions et activités pour aider le lecteur ou la lectrice à développer ses capacités de compréhension.

Avant la lecture

- *De quoi ce livre parle-t-il?*
- *Qu'est-ce que je sais sur ce sujet?*
- *Qu'est-ce que je veux apprendre sur ce sujet?*
- *Pourquoi je lis ce livre?*

Pendant la lecture

- *Je me demande pourquoi...*
- *Je suis curieux de savoir...*
- *En quoi est-ce semblable à quelque chose que je sais déjà?*
- *Qu'est-ce que j'ai appris jusqu'à présent?*

Après la lecture

- *Qu'est-ce que l'auteur veut m'apprendre?*
- *Nomme quelques détails.*
- *Comment les photographies et les légendes m'aident-elles à mieux comprendre?*
- *Lis le livre à nouveau et cherche les mots de vocabulaire.*
- *Ai-je d'autres questions?*

Activités complémentaires

- *Quelle est ta section préférée de ce livre? Rédige un paragraphe à ce sujet.*
- *Fais un dessin représentant l'information que tu as préférée dans ce livre.*

TABLE DES MATIÈRES

DES LIEUX MALSAINS

Les hôpitaux sont habituellement lumineux et ont une odeur propre et stérile. Celui-ci sent l'humidité et la pourriture. Tes pas sur le sol granuleux font plus de bruit que tu le voudrais. Dans la noirceur devant toi, une voix gémit d'angoisse. Un courant d'air froid te frôle et te chatouille la joue. Reste-t-il des patients souffrants dans cet hôpital hanté?

Il y a des endroits partout dans le monde où l'on croit que des fantômes rôdent. Les hôpitaux et les asiles psychiatriques sont des endroits où les gens vont pour se sentir mieux. Malheureusement, certains patients n'en repartent pas vivants... ni morts.

Attrape ta lampe de poche et prends une grande inspiration. Tu es sur le point de découvrir pourquoi ces hôpitaux et ces asiles psychiatriques figurent parmi...
LES LIEUX HANTÉS.

FAIT EFFRAYANT

On dit que les fantômes hantent les endroits où ont eu lieu beaucoup de naissances ou de décès.

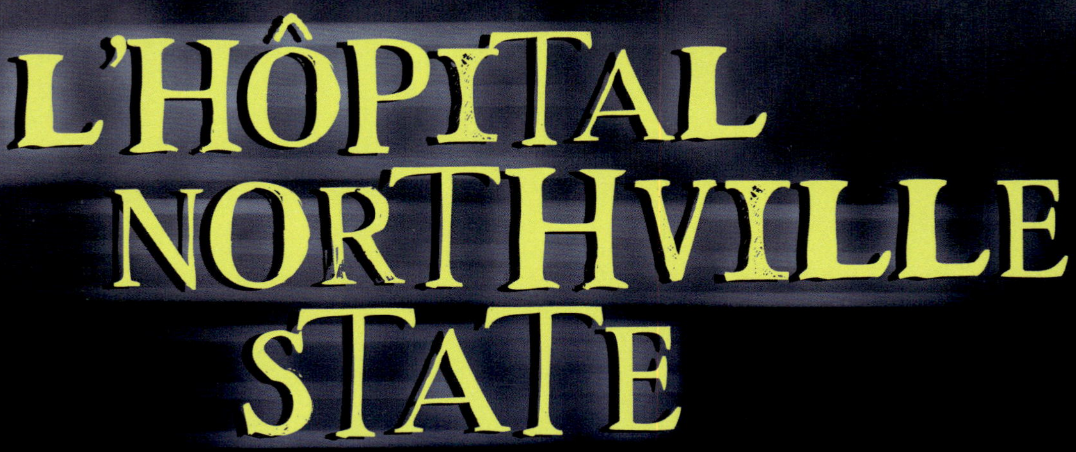

L'HÔPITAL NORTHVILLE STATE

L'hôpital Northville State, près de Detroit au Michigan, a été considéré comme l'un des « lieux les plus terrifiants de tous les temps ». Il s'agissait d'un établissement où les gens ayant des troubles de santé mentale pouvaient avoir de l'aide. Malheureusement, les patients n'y étaient pas bien traités.

Les gens qui se sont introduits dans l'hôpital abandonné ont entendu des pas étouffés dans le couloir et des voix fantomatiques. L'endroit tombait en ruine et a été détruit en 2018.

Bien que l'hôpital Northville State ait été démoli, les gens de l'endroit appellent ce lieu boisé « Evil Woods » (les bois maléfiques).

Un hôpital psychiatrique appelé l'hôpital Severalls à Essex en Angleterre a ouvert ses portes en 1913. On pouvait y traiter jusqu'à 2 000 patients à la fois. On y réalisait des traitements expérimentaux de santé mentale, notamment la thérapie **électroconvulsive**.

Pendant la Seconde Guerre mondiale, l'aile c femmes a été bombardée lors d'un raid aérie allemand. Trente-huit patientes ont été tuées.

L'hôpital est fermé depuis longtemps et ses portes ont été condamnées en 1997. Depuis ce temps, il a été la cible d'un **incendie criminel** et de **vandalisme**. Des gens continuent de s'introduire à l'intérieur des murs vides pour prendre des photos et chasser des fantômes.

FAIT EFFRAYANT

Des **lobotomies** étaient aussi réalisées à Severalls. Une lobotomie est une chirurgie qui impliquait de donner de petits coups au cerveau avec un objet pointu en passant par l'orbite de l'œil. On croyait que cette procédure pouvait guérir les maladies mentales.

Bien qu'aucune preuve réelle n'ait été recueillie à l'hôpital Severalls, les visiteurs tendent à sentir... quelque chose. Une personne a décrit avoir eu l'impression que 1 000 personnes se cachaient dans les arbres et épiaient chacun de ses mouvements.

On estime que plusieurs des 80 000 soldats de l'armée britannique ayant souffert de traumatisme dû au bombardement pendant la Première Guerre mondiale ont été envoyés à l'hôpital Severalls pour y être soignés.

L'HÔPITAL TAUNTON STATE

L'hôpital Taunton State au Massachusetts a été construit en 1834. Il portait à l'origine le nom d'hôpital d'aliénés d'État à Taunton. On y gardait certains des plus dangereux meurtriers de l'histoire.

On croyait que l'hôpital était hanté. L'escalier qui menait au sous-sol provoquait un sentiment d'**effroi**.

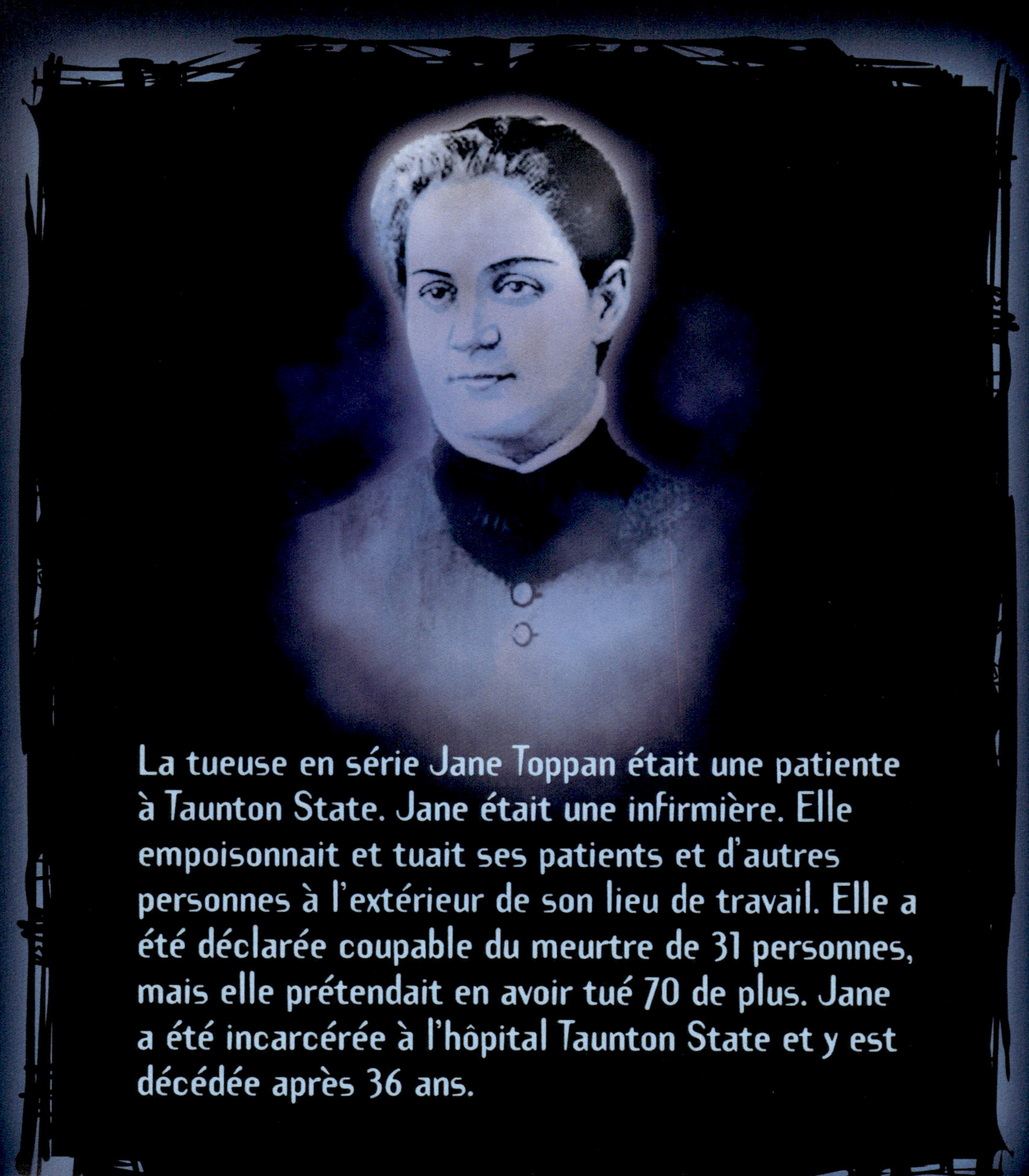

La tueuse en série Jane Toppan était une patiente à Taunton State. Jane était une infirmière. Elle empoisonnait et tuait ses patients et d'autres personnes à l'extérieur de son lieu de travail. Elle a été déclarée coupable du meurtre de 31 personnes, mais elle prétendait en avoir tué 70 de plus. Jane a été incarcérée à l'hôpital Taunton State et y est décédée après 36 ans.

Certains ont vu des ombres traverser les murs. L'hôpital a fermé ses portes en 1975 et a été démoli en 2009.

FAIT EFFRAYANT

Des patients ont déclaré avoir vu un groupe d'infirmières et de médecins de Taunton emmener des patients au sous-sol. On croit qu'ils y menaient des expériences. Mystérieusement, les patients n'ont jamais été revus.

L'HÔPITAL OLD CHANGI

Si tu demandais à quelqu'un où trouver le « lieu le plus hanté de Singapour », on te répondrait probablement l'hôpital Old Changi. Il a été construit en 1935 pour servir la force aérienne britannique.

Les Japonais ont pris le contrôle de l'hôpital pendant la Seconde Guerre mondiale et l'ont transformé en camp de prisonniers. Les prisonniers y étaient torturés et tués, parfois par décapitation.

Les Britanniques ont repris l'hôpital à la fin de la guerre. Malheureusement, il n'était plus le même. Des gens ont déclaré avoir observé des phénomènes **paranormaux** dans le bâtiment aux murs blancs.

FAIT EFFRAYANT

Une équipe a tourné un film à Old Changi. Elle a capturé sur vidéo l'image d'un des gens de l'ombre du site. La séquence était tellement effrayante qu'elle a été conservée dans le film!

Des visiteurs d'Old Changi ont entendu des cris surgis de nulle part. Ils ont vu des apparitions, ou fantômes, de soldats ensanglantés des suites de la guerre et de la torture. D'autres ont aperçu un jeune garçon fantomatique qui reste assis et fixe du regard.

L'ÎLE ET L'ASILE PSYCHIATRIQUE DE POVEGLIA

La petite île de Poveglia en Italie était un dépôt pour les malades incurables depuis 1348. Venise y envoyait les citoyens atteints de symptômes de la **peste bubonique** pour y mourir.

L'asile psychiatrique de Poveglia a été construit sur l'île au début des années 1900. Un médecin qui y travaillait est tombé du clocher et est mort. Le clocher a été retiré il y a longtemps, mais des gens entendent toujours le son de la cloche sur l'île déserte.

Au 17e siècle, les médecins spécialistes de la peste portaient d'étranges masques en forme de bec contenant des herbes. Ils croyaient que la forme du masque et les herbes protégeaient la personne qui le portait contre la peste.

L'île et l'asile psychiatrique de Poveglia sont toujours abandonnés à ce jour. Personne n'est autorisé à les visiter et les pêcheurs se tiennent loin de ce lieu maudit.

L'ASILE D'ALIÉNÉS TRANS-ALLEGHENY

L'hôpital psychiatrique Trans-Allegheny en Virginie-Occidentale a été construit à la fin des années 1800 pour y soigner 250 patients. Dans les années 1950, il y avait plus de 2 600 patients.

Les conditions à Trans-Allegheny étaient terribles. Jusqu'à quatre patients étaient entassés dans des chambres prévues pour une seule personne. Les vivres manquaient. Les fenêtres étaient couvertes de moisissure et de saletés. Des expériences atroces étaient menées sur les patients. Il n'est pas étonnant que cet endroit soit hanté!

L'hôpital psychiatrique a fermé ses portes en 1994, mais son histoire terrifiante est toujours vivante. Des gens déclarent avoir vu le fantôme de Lily, une jeune fille de l'époque de la guerre de Sécession. Dans sa salle de jeu, plusieurs peuvent l'entendre rire et pleurer.

L'ASILE D'ALIÉNÉS D'ARADALE

L'asile psychiatrique d'Aradale se trouve à deux heures de Melbourne en Australie. Il a ouvert ses portes en 1865 et on y a soigné des patients pendant 126 ans. Maintenant, comme de nombreux asiles psychiatriques dans le monde, il est vide et abandonné.

Les vieux bâtiments semblent tout droit sortis d'un film d'horreur. Certains visiteurs ont senti une présence, comme si quelque chose essayait de les pousser dans les escaliers!

LE SANATORIUM DE WAVERLY HILLS

Le sanatorium de Waverly Hills à Louisville au Kentucky occupe la première position de plusieurs listes de lieux hantés. Il a ouvert ses portes en 1910 et a été agrandi pour accueillir le grand nombre de patients atteints de la **tuberculose**.

FAIT EFFRAYANT

Selon les registres, environ 6 000 patients sont morts à Waverly Hills.

Malheureusement, plusieurs personnes sont mortes de cette maladie. Il a fermé ses portes en 1961 et on en a fait un sanatorium gériatrique. Après des signalements de mauvais traitements de patients et de conditions misérables, il a fermé pour de bon en 1982.

Waverly Hills a plusieurs caractéristiques effrayantes. L'une d'entre elles était la descente à cadavres. Les patients qui y mouraient étaient descendus le long d'une rampe vers un camion de la morgue. Cela empêchait les patients de voir les morts.

Des visiteurs ont entendu de la musique étrange, des pas et des voix. En regardant dans les longs couloirs sombres, des visages nébuleux sortent parfois des chambres des patients pour jeter un coup d'œil.

Presque toutes les émissions de télévision sur les fantômes ont filmé des enquêtes paranormales à Waverly Hills. La plupart d'entre elles ont capté une quelconque preuve fantomatique. De nombreux sceptiques qui ne sont pas convaincus que les fantômes existent ont quitté Waverly Hills en ayant vécu une expérience paranormale pendant leur visite.

FAIT EFFRAYANT

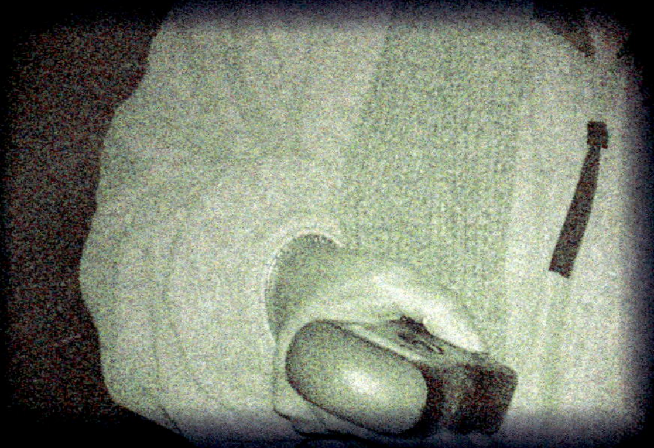

Plusieurs enquêteurs du paranormal croient que les compteurs de champ électromagnétique peuvent détecter la présence d'esprits.

Conclusion

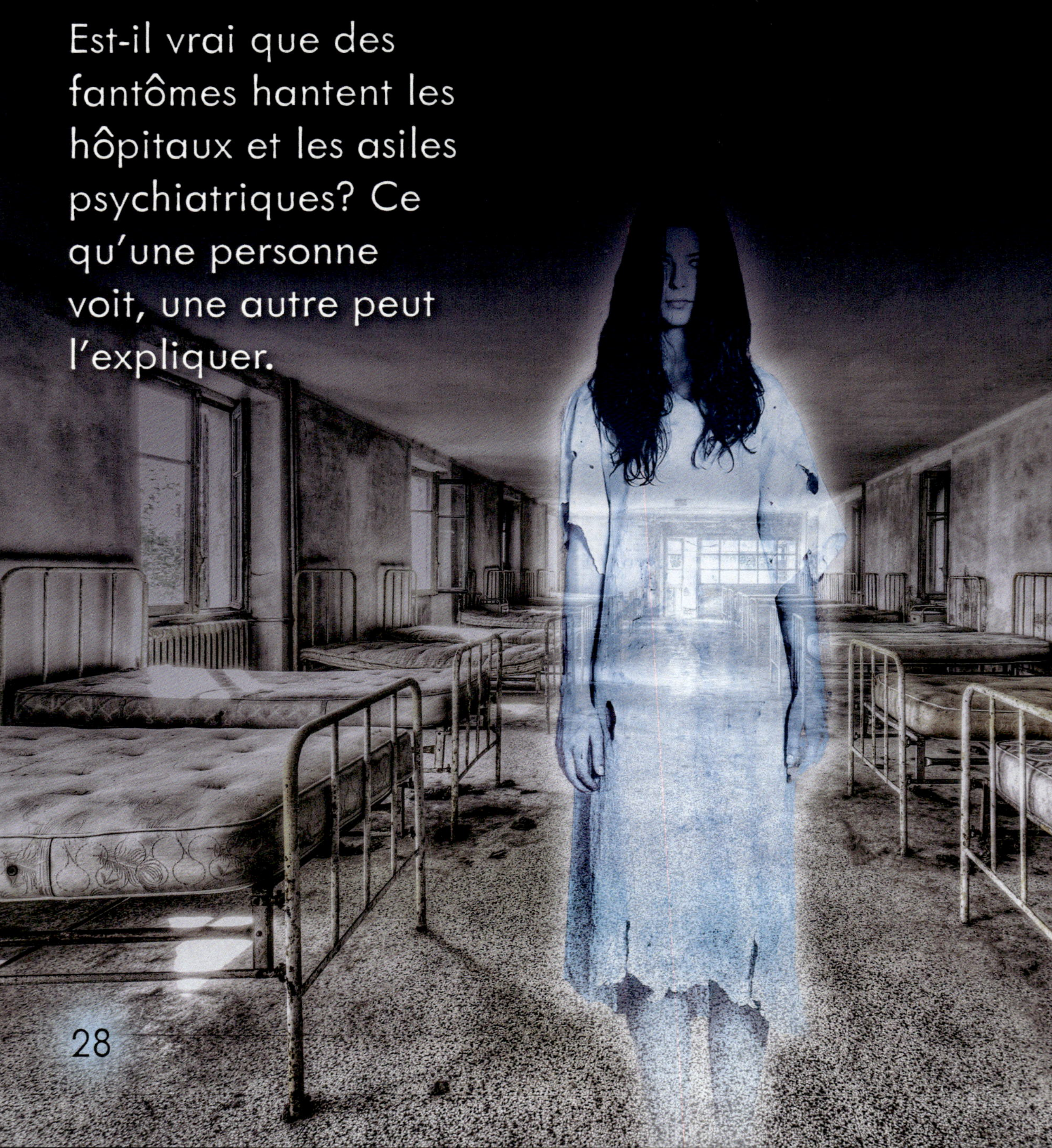

Est-il vrai que des fantômes hantent les hôpitaux et les asiles psychiatriques? Ce qu'une personne voit, une autre peut l'expliquer.

C'est à toi de te faire ta propre idée. Si tu entends ou vois quelque chose d'effrayant, décris le phénomène par écrit ou prend une image. La preuve que tu découvriras pourrait nous aider à comprendre... LES LIEUX HANTÉS.

GLOSSAIRE

effroi (è-froa) : Peur extrême de quelque chose

électroconvulsive (é-lèk-tro kon-vul-ssiv) : Traitement de la maladie mentale qui consistait à appliquer de l'électricité sur la tête d'un patient

incendie criminel (in-ssan-di kri-mi-nèl) : Incendie illégal d'un bâtiment ou d'un bien

lobotomies (lo-bo-to-mi) : Chirurgies réalisées sur le cerveau; on pensait qu'elles guérissaient la maladie mentale

paranormaux (pa-ra-nor-mo) : Événements étranges qui sont au-delà de la compréhension normale

peste bubonique (pèsst bu-bo-nik) : Une maladie mortelle qui causait de la fièvre, de la confusion et un gonflement

sceptiques (ssèp-tik) : Des gens qui remettent en question ou doutent des opinions

tuberculose (tu-bèr-ku-loze) : Une maladie bactérienne infectieuse qui attaque habituellement les poumons

vandalisme (van-da-lissm) : Fait de détruire ou d'endommager une propriété publique ou privée

INDEX

SITES WEB À CONSULTER

https://kids.kiddle.co/Ghost

www.hauntedrooms.co.uk/ghost-stories-kids-scary-childrens

www.ghostsandgravestones.com/how-to-ghost-hunt

À PROPOS DE L'AUTEUR

Thomas Kingsley Troupe

Thomas Kingsley Troupe est l'auteur d'une foule de livres pour enfants. Il a écrit au sujet des fantômes, du Sasquatch, des loups-garous et même un livre sur la saleté. Quand il ne s'affaire pas à écrire ou à lire, il enquête sur des phénomènes paranormaux avec la Twin Cities Paranormal Society. Il habite à Woodbury au Minnesota avec ses deux fils.

Les images et les photos présentant des « fantômes » dans ce livre sont des représentations artistiques. L'éditeur ne prétend pas qu'il s'agit d'images et de photos réelles des fantômes mentionnés dans ce livre.

Crabtree Publishing

crabtreebooks.com 800-387-7650

Au Canada : Nous reconnaissons l'appui financier du gouvernement du Canada par l'entremise du Fonds du livre du Canada pour nos activités de publication.

Paperback 978-1-0396-0370-7
Ebook (pdf) 978-1-0396-0376-9
Epub 978-1-0396-0382-0
Read-along 978-1-0398-0496-8
Audio book 978-1-0396-6775-4

Catalogage avant publication de Bibliothèque et Archives Canada

Titre: Les hôpitaux et les asiles psychiatriques hantés / Thomas Kingsley Troupe.
Autres titres: Haunted hospitals and asylums. Français.
Noms: Troupe, Thomas Kingsley, auteur.
Description: Mention de collection: Les lieux hantés! | Les branches de Crabtree | Traduction de : Haunted hospitals and asylums. | Traduction : Annie Evearts. | Comprend un index.
Identifiants: Canadiana (livre imprimé) 20210355859 | Canadiana (livre numérique) 20210355883 | ISBN 9781039603707 (couverture souple) | ISBN 9781039603769 (HTML) | ISBN 9781039603820 (EPUB)
Vedettes-matière: RVM: Hôpitaux hantés—Ouvrages pour la jeunesse. | RVM: Fantômes—Ouvrages pour la jeunesse. | RVMGF: Documents pour la jeunesse.
Classification: LCC BF1474.4 .T7614 2022 | CDD j133.1/22—dc23

Publié au Canada
Crabtree Publishing
616 Welland Ave.
St. Catharines, Ontario
L2M 5V6

Publié aux États-Unis
Crabtree Publishing
347 Fifth Avenue
Suite 1402-145
New York, NY, 10016

Production : Blue Door Education pour Crabtree Publishing
Auteur : Thomas Kingsley Troupe
Conception : Jennifer Dydyk
Révision : Kelli Hicks
Correctrice : Crystal Sikkens
Traduction : Annie Evearts

Photos de la couverture : crâne sur la couverture et dans le livre © Fer Gregory, p. 4-5 (bordure effrayante et dans le livre) © Dmitry Natashin, (photo de chambre) © Lee Bull, (extérieur du vieux bâtiment) © lennystan, p. 7 (arbres) © Mimadeo, (corridor) © sutlafk, p. 9 (photo) © Milles Studio, (illustration de la tête) © jumpingsack, (illustration des outils) © Alexander_P, p. 10 © Référence éditoriale : Gaia Conventi / Shutterstock.com, p. 13 © boscorelli, p. 17 © A Kiely, p. 18-19 (photo en arrière-plan avec le lit) © Wirestock Creators, p. 19 (médecins de la peste) © annaliberty111, p. 20 © Malachi Jacobs, p. 21 (fillette) © Anneka, p. 22-23 © Damian Pankowiec, p. 24 © boscorelli, p. 28 (dortoir) © Ppictures, (femme) © Soare Cecilia Corina, (chaise d'examen) © Daniel Schmitt. Toutes les images proviennent de Shutterstock.com sauf la photo d'un patient sur la couverture © Anki Hoglund | Dreamstime.com, (lit) © Daniel Sanchez Blasco | Dreamstime.com, p. 6 (hôpital) © Dwight Burdette https://creativecommons.org/licenses/by/3.0/deed.en, p. 8 (hôpital) © Glyn Baker https://creativecommons.org/licenses/by-sa/2.0/deed.en, p. 11 (hôpital) image publique, New York Public Library, p. 12 (Jane Toppan) image publique, p. 14-15 (hôpital) © Stanley | Adobe Stock, p. 16 (hôpital) © fusionstream | Adobe Stock, p. 18 (photo en médaillon) © Angelo Meneghini https:// creativecommons.org/licenses/by/3.0/, p. 21 (photo du haut) © Richie Diesterheft https://creativecommons.org/ licenses/by/2.0/deed.en, p. 24 image publique, p. 25 © Royasfoto73 https://creativecommons.org/licenses/by-sa/4.0/deed.en, p. 27 © LuckyLouie https://creativecommons.org/licenses/by-sa/3.0/deed.en

Imprimé au Canada/112023/CP20231027